Dr. Erik Müller-Schoppen
Mit Bildern von Eva Kloss

„Zum Glück"

111-mal Innerer Frieden, Glück und Bewusst-Sein

Dr. Erik Müller-Schoppen
Mit Bildern von Eva Kloss

The Spirit of CommuniTYcation®

„Zum Glück"

111-mal Innerer Frieden, Glück und Bewusst-Sein

Neuauflage des Erfolgsbuches:
„99 Fragen zum Glück".

Fragen und Antworten zum Lebens-Thema:
Wie werde ich glücklich?
Mut um glücklich zu sein!

Bibliografische Information der Deutschen Nationalbibliothek

Die Deutsche Nationalbibliothek verzeichnet diese Publikation in der Deutschen National-bibliografie; detaillierte bibliografische Daten sind im Internet über www.dnb.de abrufbar.

Dieses Buch wurde mit freundlicher Unterstützung der Stiftung für Erziehung, Bildung, Wissenschaft und Kultur realisiert.

www.EBWK-Stiftung.de
www.EBWK-Bundesfreiwilligendienst.de

Neuauflage Mai 2013
© 2013 Texte: Dr. Erik Müller-Schoppen
© 2013 Fotos: Eva Kloss

Herstellung und Verlag: BoD – Books on Demand, Norderstedt

Fotos: Eva Kloss
Satz und Layout: Eva Kloss
Umschlaggestaltung: Eva Kloss

ISBN 978-3-8334-5272-7

Inhalt

1

Warum leiden wir Menschen, warum sind wir unzufrieden und unerfüllt?

Weil die menschliche Existenz auch immer Leiden beinhaltet, unvermeidlich, trotz aller Versuche die Tatsache nicht zu sehen, leiden wir, machen wir uns eine Illusion, es gäbe ein Leben ohne zu leiden.

Wir verdrängen das Leiden und richten unser Leben darauf aus, die Freude zu kultivieren. Das Leiden aber holt uns immer wieder ein und zwingt uns, noch schneller an der illusionären, dauerhaften Freude zu arbeiten.

2

Wie entsteht Leiden?

Weil der Mensch das Leben gerne „anders" hätte als es ist, es nicht akzeptiert, gegen den „Strom" schwimmt, statt mit ihm zu schwimmen, festhält statt loszulassen, damit aber gegen das tatsächliche Leben agiert, erzeugt er Unzufriedenheit und ist unerfüllt.

Weil der Mensch sein Ich über alles stellt und sein Leben um dieses Ich-Gebäude herum aufbaut, um es zu stärken, abzusichern, zu verewigen, leidet er, nicht wissend, dass sich alles wieder auflösen wird und nur eine illusionäre Identifikation ist, die keine eigene Realität hat.

3

Bin ich und die Welt eine Illusion?

Von frühster Kindheit an, teilt ein Mensch sich und die Welt in Kategorien ein und bewertet sie, etikettiert sie, identifiziert sich selbst mit diesen Etikettierungen.

So entsteht ein Gedankengebäude, ein sehr komplexes Gedankenkonzept vom eigenen Selbst und von der Welt.

Dieses Konzept ist absolut einmalig, denn jeder Mensch hat sein ganz individuelles Selbst- und Weltbild, was mit keinem anderen 100% übereinstimmt.

Dieses Bild, die Identifikation vom eigenen Ich und der Welt um sich herum, ist insofern eine Illusion, da es nur aus diesen Gedankenkonzepten besteht.

Das Leben an sich ist eigenschaftslos und weder Freude noch Leiden. Das ist die einzige Wahrheit.

4

Kann ich die Illusionen über die Welt und mich überwinden?

Tatsächlich verbindet der „westlich"-geprägte Mensch mit dieser Frage meist folgendes: nämlich durch Wissen und psychologische Tricks das „Ich" von seinen Illusionen befreien zu können.

Der Buddhist hält das „Ich" lediglich für einen Gedanken.

Dieses also nur gedachte, vorgestellte, eingebildete, gar nicht reale Ich, trifft also in unserem Alltag auf ein weiteres eingebildetes, vorgestelltes … Ich und macht wie ein Platzhirsch dem jeweils anderen den Platz streitig.

Wie das in den von uns erfahrenen Situationen abläuft, wissen wir.

Ruhe kann also einkehren, wenn man sich über die Tatsache der Ich-Illusion klar wird, um die beschriebenen Folgen zu vermeiden.

5

Wenn es ein zu verteidigendes Ich nicht gibt, was soll ich dann tun?

Still sein und die Welt erfahren!

Still sein und sich *SELBST* erfahren!

Lieben!

Demütig sein!

6

Wie kann ich den Weg zur Demontage der Ich-Illusion und der Selbstbehauptung, den Wurzeln meines Unglücks, beginnen?

Wir müssen uns bei „Ich" und „Mein" ertappen und „Ich" und „Mein" durch Hingabe, Demut und Vergänglichkeit ersetzen. Erste Momente der Selbstentsagung werden uns das unsagbare Gefühl geben, alle Bürden verloren zu haben.

Wir müssen die Erkenntnis gewinnen, dass diese Welt nur „Glück" bietet, das immer wieder erneuert werden muss. Das einzige dauerhafte Glück kommt vom Herzen.

Wir müssen lernen, das Unangenehme, was das Ich nicht haben will, zu akzeptieren, erst dann können wir das Angenehme wirklich genießen.

7

Wie kann ich ausgeglichen leben
oder welchen Widrigkeiten meines Lebens
kann ich nicht entgehen?

Wenn wir die Sucht nach Gewinn und Verehrung und Lob und Glück verlieren und annehmen können, dass Verlust, Verachtung, Tadel und Unglück nicht vermeidbar sind, werden wir Frieden finden.

8

Wie kann ich Gleichmut erreichen?

Ablehnung oder Vorlieben, die vollkommen unnötig sind, da alles ständig entsteht und wieder vergeht, sind die Faktoren, die Gleichmut verhindern.

Das nutzlose Reagieren auf die weltlichen Abläufe wie des Lobes und Tadels, des Glücks oder Unglücks, der Verehrung oder der Verachtung, des Gewinns und des Verlusts gilt es zu erkennen.

9

Wie kann ich ohne Stress und Druck glücklicher und frei leben?

Das Festhalten an Identifikationen, ich bin „das" oder „jenes", das Einreden klar, solide, kompakt oder übereinstimmend, integer zu sein, der Kreislauf der Widerrede, es offensichtlich nicht zu schaffen, das ständige und doch vergebliche Untermauern der Selbstbehauptung, auf deren Scheitern uns andere, die dieses ständige Scheitern selbst mitmachen, hinweisen, fordert Stress und macht Druck.

Dennoch, für jeden undogmatisch nachvollziehbar, kein Gedanke, kein Gefühl, ist „ewig" oder beständig, ja, alles kommt und vergeht.

Der Gedanke des Vortages oder der vor Sekunden ist vergangen, alles unterliegt dem Alterungsprozess.

Sich bewusst zu sein, dass Stress und Druck der eigene Widerstand gegen das Leben ist, so wie es nun gerade einmal ist, sich bewusst zu sein, dass alles sich verändert, entlastet.

10

Wie kann ich durch Einsicht glücklich werden?

Tatsächlich hängt das Glück von der Einsicht in den Alterungsprozess selbst ab, in die Vergänglichkeit, wie ein kleiner frischer See nach einem Gewitterregen versickert und sich auflöst, so unterliegt alles der Vergänglichkeit.

Inneres Glück durch Einsicht in der Meditation ist natürlich ebenso zeitlich begrenzt.

Es bleibt die Chance der stetigen Festigung dieses Glückes, wie andere die fragwürdige und vergängliche Befriedigung durch äußere Sinneskontakte immer wieder suchen, jedoch die Erschütterbarkeit erleben, die äußeren Umständen obliegt.

Die Einsicht, dass alles nur relativ wichtig ist, da es nur relativ wirklich – da vergänglich – ist, macht absolut glücklich.

11

Was ist der erste Schritt zum Glück?

Der erste Schritt zum Glück ist die Einsicht in die Vergänglichkeit.

Es ist die Vergänglichkeit des Körpers, der Sinneskontakte, der Gefühle, der Wahrnehmungen und der Reaktionen.

Alles ist flüchtig, das muss der Mensch einfach einsehen.

Alles Festhalten-Wollen wie zum Beispiel von Situationen, von Menschen, von schönen Augenblicken, wird uns enttäuschen.

Nur das formlose Leben selbst ist ewig.

12

Können Gewohnheiten Sicherheit und Beständigkeit bringen?

Selbst der sicherste äußere Rahmen bleibt ein Äußeres, das uns bestimmt.

Das innere Glück kann es nur in Unabhängigkeit von diesen äußeren Umständen geben.

Alle äußeren Besitztümer und Identifikationen sind vergänglich und erzeugen Angst vor dem möglichen Verlust.

Es ist nicht möglich die Selbstbehauptung beizubehalten, das innere Glück zu erleben und frei zu sein von äußeren Umständen.

Wir können loslassen, was wir mit uns tragen, die Bürde der Identifikationen, deren „Summe" wir „Ich" nennen.

Nur Wandel und Unbeständigkeit machen das Leben aus. Nur diese Wahrheit, die Unsicherheit zu akzeptieren bringt Sicherheit.

13

Was ist Meditation?

Meditation bedeutet den Geist ins Leere laufen zu lassen. Ohne eine Absicht dürfen die Gedanken kommen und gehen und durch dieses absichtslose Schauen kommen sie zur Ruhe.

Der Geist hat die Tendenz dorthin zurückzukehren, von wo er gekommen ist, d. h. Konzentration ist nicht dauerhaft durchzuhalten.

Deshalb ist es geradezu logisch und praktisch gedacht, es über den Tag lang zu probieren, unsere Aufmerksamkeit auf all unsere Handlungen und Reaktionen aller Art zu lenken.

Durch das absichtslose Schauen, die Aufmerksamkeit auf das, was jetzt gerade ist, nehmen wir eine neutrale Position zu unseren Gedanken ein und lösen uns so von der Identifikation mit Ihnen.

Andererseits sollten wir eine Zeit für uns fern des Marktplatzes „Leben" festlegen, um fern der uns sonst begleitenden Hoffnungen, Reaktionen, Beziehungen, Ideen, Erinnerungen oder Wünsche, zu meditieren. Die Enttäuschung, es nicht dauerhaft durchzuhalten ist gering, wenn wir eine meditative Basis im Leben geschaffen haben, wie zuerst beschrieben.

14

Wie beginne ich die Meditation?

Wir müssen erkennen, dass in der äußeren Welt, das dauerhafte Glück nicht zu finden ist. Wenn wir uns in der meditativen Versenkung befinden, können wir entdecken, dass alles, was wir gesucht haben, in uns ist.

Wenn wir die Konzentration ständig üben, können wir den geschwätzigen Geist mit seinen Meinungen zur Welt dazu bringen, sich in sich selbst zu versenken.

Indem wir nur auf uns Selbst schauen und den Ich-haften Geist ins Leere laufen lassen, beginnen wir zu meditieren. Wir lösen uns von unseren Gedanken und werden zum Beobachter, der durch die Gedanken-wellen reist.

Der erste Schritt hinter dem geschwätzigen Denken ist die Verzückung.

Die Konzentration auf Vergehen und Entstehen ist die Abkehr von unseren Reaktionen.

Es fällt die innere Ablehnung gegen alles weg, was nicht ist wie gewünscht, die Ablehnung dagegen, was wir nicht gerne haben, die Ablehnung dagegen was wir erlebt haben.

Wir lehnen uns nicht mehr dagegen auf, dass alles sich verändert.

Meditation ist das Wissen um einen inneren Schatz und die Reise dorthin.

15

Wie finde ich die wirkliche Ruhe?

Während das „weltliche" sich zur Ruhe setzen nur eine
Veränderung der verschiedenen Verhaltensmöglichkei-
ten darstellt, ist die wirkliche Ruhe der Verzicht auf
Selbstbehauptung, das Begehren nach Dasein, das
Greifen nach dem Hier, d.h. wenn wir es schaffen,
uns vom denkenden Geist wegzuhalten und zu einem
Erleben des inneren Entstehens und Vergehens kom-
men.

16

Wie kann ich den Weg zum Heil-Sein beschreiten?

Wir sollten die Nähe der Menschen meiden, die uns von der wahren Erleuchtung, dem Weg zum Glück, abhalten, sondern deren Nähe suchen, die diese Weisheit ausstrahlen.

Die Menschen, die kein Interesse am spirituellen Leben haben, die ihr Heil im Materiellen suchen, sollten wir meiden.

Doch Vorsicht! Wenn wir Menschen ablehnen, weil sie uns nicht wertvoll genug erscheinen, leiden wir an Selbstverblendung. Der Weise sieht die Welt ohne sie zu bewerten und verurteilt weder die eine noch die andere Lebenspraxis.

Heil-Sein bedeutet zu lernen, das die Welt heil ist und nur durch unseren ich-bezogenen Geist Unheil entsteht, indem er Menschen und Dinge in Recht und Unrecht aufteilt.

17

Warum sollten wir keine Vorliebe für Gewinn, Verehrung, Lob und Glück und keine Ablehnung für Verlust, Verachtung, Tadel und Unglück entwickeln?

Wir sollten keine Vorlieben und Ablehnungen entwickeln, weil alle ablehnenden wie begehrenden Emotionen dem Entstehen und Vergehen unterliegen. Sie lösen sich auf, sind im Fluss oder enttäuschen uns.

Freude oder Traurigkeit entstehen in jedem Moment. Wenn wir daraus eine Erwartung für die Zukunft konstruieren, werden wir leiden, wenn es anders kommt und dadurch immer weiter das Unglück ablehnen. So entsteht ein Kreislauf im Leiden.

Gewinn und Verlust, Verehrung und Verachtung, Lob und Tadel, Glück und Unglück sind die Gegensätze der jeweils gleichen Sache. Nur unsere Vorlieben und Ablehnungen in den Sachen teilt das Leben in Freude und Leid.

18

Warum ist gerade Gleichmut die höchste aller Emotionen?

„Gleich-Mut" heißt unerschüttert Mut zum „sich-nicht-verwirren-lassen" von weltlichen Werten, also auch Mut zum „nicht-mit-machen" und „anders-sein" zu haben; immer den gleichen Mut zeigen zu können, um den Verblendungen des Lebens zu entsagen.

Was ist das Wichtigste, was zu tun ist?

Es ist das Erkennen des nutzlosen Reagierens auf Glück oder Unglück, Lob oder Tadel, Gewinn oder Verlust, Verehrung oder Verachtung, die Läuterung von der Ich-Illusion.

Absichtslose Selbstbeobachtung führt zur Selbsterkenntnis.

Selbsterkenntnis, sich selbst als das klare Leben hinter der trüben Ich-Illusion zu erkennen, ist das Wichtigste.

20

Was sind die stärksten Fesseln des Menschen?

Neben allen Anhaftungen ist das An-Haften an uns selbst die stärkste Fessel. Das Ich und seine Strategien, seine Selbst-Konzepte zu stärken, fesselt unsere Aufmerksamkeit und trübt unser Bewusstsein. Kurzfristige Glücksmomente und ekstatische Gefühle wirken wie ein zwanghafter Sog, die damit verknüpften Erfahrungen zu wiederholen.

Das westliche Denken und Streben nach materiellem Besitz, Verwirklichung und Absicherung des persönlichen Ichs, fesselt das eigene Leben an illusionäre Konzepte und Regeln.

21

Was muss ich loslassen, von welchen Fesseln muss ich mich befreien?

Das Loslassen führt zur Überwindung der Fessel der Zuneigungen, Abneigungen, der Ansichten, der Zweifelsucht, des Dünkels, des Neides und der Selbstsucht.

Das eigene Ich muss losgelassen werden, denn es ist nur ein Konzept unseres Geistes.

Von den Fesseln der persönlichen Täterschaft müssen wir uns lösen, um dem Leben selbst die Führung zu überlassen.

Und es besteht immer auch die Notwendigkeit loslassen zu müssen …

… dann geschieht Loslassen.

22

Warum soll ich, um tiefes nachhaltiges Glück zu empfinden, lieben?

Wenn wir interessiert sind, Liebe in unserem Leben zu empfinden, gibt es nur einen Weg, und der heißt: lieben und Liebe verschenken.

„Sie (die Liebe) sucht das ihre." *Korintherbrief*

„Sie lässt sich nicht erbittern. Sie rechnet das Böse nicht an"

Dem Geheimnis der Liebe zu folgen, bedeutet dem Leben zu folgen.

23

Was ist wahre Liebe?

Wahre Liebe bedeutet, unser Herz so zu stimmen und zu erleben, dass es stets Liebe empfindet. Liebe ist dann Hingabe.

Anhaftende Liebe hat Angst vor Verlust, wir fühlen uns dann abhängig von anderen Menschen. In Wahrheit handelt es sich nicht um Liebe, sondern um Anhänglichkeit, um Anhaften an andere Personen.

Wahre Liebe bedeutet der Welt die eigene, absichtslose Aufmerksamkeit zu schenken.

Lieben ist das Gegenteil von Wollen.

Das zu erlauben, was ist, das ist Liebe.

24

Was hindert uns bei der Erreichung eines nachhaltigen Glücks, welches den alltäglichen Enttäuschungen des Lebens nicht unterliegt?

Die Buddhisten sagen, wir haben fünf Hindernisse:

- Begierde nach Sinnesbefriedigung
- Übelwollen
- Lässigkeit und Trägheit
- Unruhe und Rastlosigkeit
- Zweifelsucht

Obwohl uns das Hindernis der Sinnes-Befriedigung zuerst am meisten befremdet, baut doch ein großer Teil unseres Strebens genau auf dieser Art der Befriedigung auf.

Das Übelwollen entsteht aufgrund von Neid und Eifersucht. Das Ich möchte am besten sein und sucht deshalb Fehler in anderen Menschen, um sich selbst zu erhöhen.

Lässigkeit und Trägheit bedeutet, dass wir uns von den Lebensumständen blenden lassen und uns selbst dabei vergessen. Durch die Trägheit und (Nach-)Lässigkeit uns selbst bewusst zu bleiben, lassen wir uns von unserem Geist entführen.

Unruhe und Rastlosigkeit entsteht aus mangelnder Bereitschaft das Leben so zu akzeptieren wie es ist. Der Geist will immer etwas hinzufügen und fortlaufend neues Erschaffen, um sich selbst zu behaupten. Er ist nie zufrieden und will immer mehr haben. Zu rasten bedeutet still zu sein und dem Verstand die Herrschaft zu entziehen. Davon versucht er uns abzuhalten.

Zweifelsucht begründet sich aus der Tatsache, dass es keine eindeutige Wahrheit in der gedanklich erfassbaren Welt gibt. Jede Überzeugung ist ein Kompromiss über die Verdrängung des Gegenteils, das aus einer anderen Betrachterposition immer genauso wahr ist.

Der Geist liebt das Zweifeln, da er sich von der Welt abgrenzen kann, indem er sich mit einem der beiden Gegenteile identifiziert und das andere anzweifelt.

25

Wie kann Begierde nach Sinnesbefriedigung ein Hindernis auf dem Weg zum Glück sein?

Auf der Ebene der Sinnesempfindungen gibt es keine endgültige Befriedigung, darum ist es reine Zeit-, Energie und Lebensverschwendung, es auf dieser so flüchtigen Ebene zu suchen.

Begierde lenkt unsere Aufmerksamkeit vom Leben weg, hin zu einem gedanklichen Wunsch und lockt uns so von uns selbst weg.

26

Was geschieht bei einem Sinneskontakt?

In der buddhistischen Lehre ist das Denken mit seiner ebenso flüchtigen Gedankenwelt der sechste Sinn. Sollten wir wie so oft auf den Gedanken kommen, einen Gedanken oder Sinneskontakt festzuhalten, machen wir die Erfahrung, dass alles flüchtig ist, in Sekunden nicht mehr das ist, was es war.

Wenn wir den Gedanken oder Sinneskontakt festhalten wollen, führt dies nur zu Leid und Kummer, weil letztlich nichts hundertprozentig zufriedenstellend ist.

27

Wie verläuft der Prozess, mit dem Unglück beginnt?

Dem Leiden zu entkommen, ist der unerfüllbare Wunschtraum der Menschheit. Leiden ist eine Begleiterscheinung von Existenz.

Dieses „so ist es nun einmal" ist der Weg.

Leben, Vergänglichkeit, Tod und die ganze Existenz sind nicht zufrieden stellend, auch wenn einiges momentan schön erscheint.

Was passiert, kann in vier Schritte gegliedert werden.

Der *erste* Schritt ist der Sinneskontakt. Es kann Sehen, Hören, Riechen, Schmecken, Berühren oder Denken sein.

Jeder Sinneskontakt bringt *zweitens* unweigerlich ein Gefühl mit sich, d.h. dem Sinneskontakt folgt ein Gefühl; dieses wird *drittens* mit einem Gedanken etikettiert; auf das Etikett folgt dann *viertens* die Reaktion des Geistes in Form von Ablehnung oder Annahme.

Auch Gedanken sind im Grunde nur eine Sinneswahrnehmung, sie kommen uns in den Sinn, kommen mit uns in Kontakt. Da ist ein Gedanke und da sind wir selbst, die damit in Kontakt kommen.

Wir sind also nicht unsere Gedanken, wir sind die absichtslose Aufmerksamkeit, die damit in Kontakt kommt.

In dem Moment, in dem wir das erkennen, sind wir nicht mehr das Unglück, sondern die davon getrennte, absichtslose Aufmerksamkeit.

Das ist der Weg in die Freiheit.

Erkennen, akzeptieren und nicht darunter leiden.

28

Was ist der häufigste Weg des Menschen auf seiner Suche nach Glück?

Viele Menschen suchen zunächst nach Glück durch grobe Sinneskontakte.

Das kann Alkohol sein … Essen … Sex.

Sie versuchen es mit der Anhäufung von materiellem Besitz. Sie versuchen es mit der Anhäufung von geistigem Besitz (Wissen). Sie versuchen es mit dem Streben nach Anerkennung.

Und irgendwann versuchen sie es vielleicht mit spiritueller Verwirklichung … und merken am Ende, dass Glück und Leben zwei Worte für das Gleiche sind, für sich selbst, das sie hinter all den Formen erkennen.

Die Menschen haben die Fähigkeit der vollkommenen Freiheit, des vollkommenen Erkennens, des Durchblickens durch alle Ideen und Absurditäten und Unvollkommenheiten. Es ist die Fähigkeit über sich selbst nach-zu-denken, sich mit Distanz zu betrachten.

Diese Fähigkeiten ermöglichen es auch, nicht nur zu erkennen, sondern auch zu verzeihen und Mitgefühl zu haben, denn Selbsterkenntnis ist die Erkenntnis, dass man mit allem Selbst etwas zu tun hat.

29

Was macht es so schwierig, sich von dem Gedanken, eine Persönlichkeit zu sein und eine Rolle zu spielen, zu lösen?

Es ist deshalb so schwierig, weil wir uns mit unseren Rollen identifizieren und an dem Gedanken anhaften, eine eigenständige Persönlichkeit zu sein.

Dass es ein bloßer Gedanke ist, scheint im Alltagstrubel der Selbstdarstellung schnell verloren zu gehen.

Gerade die westliche Gesellschaft definiert sich durch das persönliche Streben nach äußerer, materieller und geistiger Selbstverwirklichung.

Unser Ideal ist es im Leben immer mehr anzusammeln, zu haben, um damit unsere Persönlichkeit zu schmücken und abzusichern. Je mehr wir diesem Ideal entsprechen, desto anerkannter scheinen wir. Die Illusion darin zu erkennen und sich selbst als Freiheit und Frieden zu erkennen, bedeutet der Anerkennung komplett den Rücken zuzudrehen. Es erfordert maximalen Mut und Vertrauen, jede Ablehnung und jedes Fallengelassen-werden von der Welt zu akzeptieren und sich auf sein inneres Selbst zu beziehen.

30

Was ist die Ursache für Angst und Lampenfieber im Leben?

Die Ursache für Angst und das Lampenfieber im Leben ist das Ich-Bewusstsein.

Wir verbinden mit dem Gedanken des hin- und herdenkenden, des hin- und her-vagabundierenden Verstandes und des damit verbundenen Wunsches, geliebt und anerkannt zu werden, die Angst, dass es nicht der Fall wäre. Die Ich-Illusion, eine eigene Persönlichkeit zu sein, hält uns ab, das vermeintliche Eigentumsrecht auf unser Ich und die damit verbundenen Rollen zu lockern.

Alles von dem wir glauben, was „wir" sind und „uns" gehört, was „ich" und „mein" ist, schafft Leiden.

Die Angst, dass Ich von anderen ausgelacht werde, dass andere mich ablehnen und lächerlich finden, erzeugt das Lampenfieber.

31

Was kann uns vor dem Gedanken, der Illusion, ein Ich zu haben, bewahren?

Wenn wir uns des Gastspiels auf dieser Welt bewusst sind, fühlen wir uns weder verhaftet noch belastet mit dem Gedanken eines Ichs.

Erleben wir den Augenblick so wie er sich gerade entfaltet, ohne uns persönlich darin zu verwickeln, ohne festhalten oder verdrängen zu wollen, erlauben wir dem Leben selbst zu sein.

Vertrauen wir auf das Leben selbst, vertrauen wir darauf, dass alles nach einem universellen Plan abläuft und seinen Sinn hat, auch wenn manches unakzeptabel scheint.

32

Wie schaffe ich es, mehr Unabhängigkeit von der Welt der Anhaftungen, des Besitzen- und Haben-Wollens zu bekommen?

Machen wir uns bewusst: Keine Rolle kann uns wirklich dauerhaftes Glück bringen.

Meist hält das Glück nur solange an, wie es Beifall vom Publikum gibt.

Wenn uns niemand Beifall spendet, unterstützt oder bestätigt, leiden wir. Wenn wir uns distanziert, ohne Besitzansprüche und Ich-Identifikationen betrachten können, gewinnen wir Unabhängigkeit.

Identifizieren verursacht Angst, nämlich die Angst vor dem Verlust.

Wenn wir unsere Aufmerksamkeit auf das „Sein" richten, ohne es zu bewerten, auf das, was in diesem Moment ist, werden wir uns freier und glücklicher fühlen.

33

Was ist der Weg zur Sorgenfreiheit und innerem Frieden?

Wenn wir nichts besitzen …

weder „Bilder" von uns selber,
noch Ansichten über „dieses und jenes",
und nicht an Rollen anhaften, dann …

… haben wir weniger Sorgen und viel mehr Frieden.

„Eher kommt ein Kamel durchs Nadelöhr, denn ein Reicher in den Himmel".

Viel wichtiger als die Beschäftigung mit materiellem oder geistigem Reichtum, ist die Beschäftigung mit dem eigenen inneren Reichtum, den wir durch Selbsterforschung erfahren können.

34

Was verursacht Eigenliebe und Hass?

Letztlich verursacht Eigenliebe und Hass die Ich-Illusion mit ihren Bewertungen, Abwertungen, Benotungen usw.

Wenn wir etwas bewerten, so bringt das weder Herzensfrieden, noch eine Verminderung der Ich-Vorstellung, sondern nur eine vermeintliche „Ich-Bestätigung, eines Ichs, das wir nur denken.

Der Mensch versucht dem emotionalen Schmerz zu entkommen, wie er auch dem körperlichen Schmerz entkommen will.

Dazu dient ihm die Ich-Illusion, die u.a. durch die Unterscheidung vom *ANDEREN,* durch Bewertungen aufrechterhalten wird.

Wenn wir jedoch wissen wollen, wie es sich wirklich verhält, müssen wir unsere Gefühle kennen lernen, ertragen lernen.

Die Einsicht, dass das eigene Ich der Unruhestifter ist, kommt, wenn uns auffällt, dass wir etwas haben wollen, nämlich Ruhe, Schmerzfreiheit usw.

Wir sollten einmal ganz klar erkennen, dass es kein anderes Problem im ganzen Universum gibt als unsere Ich-Illusion.

Diese falsche Ansicht vom „Ich" verursacht unsere Begehren und Leidenschaften, z.B. nach schmerzfreiem, lustbetontem … Leben, die uns ständig Leiden verschaffen.

Und dennoch müssen wir uns selber lieben wie alle anderen auch, denn lieben bedeutet das anzuerkennen was ist. Erst dann können wir etwas loslassen.

35

Welche innere Einstellung muss der Geist hinsichtlich „Haben und Sein" ändern?

Diese falsche Ansicht vom „Ich", nämlich der Illusion eines eigenständigen unabhängigen Ichs, ja seine bloße Existenz, verursacht unsere Begehren und Leidenschaften, die uns ständig Leiden verschaffen.

Unser Geist mit seinem üppigen Wachstum der „Daseinsbegierde" nähert sich allem mit der Einstellung: „Was habe ich davon?"

Solange wir diese Einstellung nicht ändern, werden wir ständig enttäuscht sein.

Je öfter wir uns für heilsame Reaktionen wie Gleichmut oder liebende Güte entscheiden, desto mehr gewöhnt sich unser Geist daran, sich glücklich zu fühlen.

36

Was erzeugt Hass, Ablehnung und Widerstand?

Widerstand und Ablehnung sind Formen von Ärger, der letzten Endes nichts anderes als Hass ist. Nichts bleibt so wie es ist, nichts wird so wie wir es uns wünschen.

Wenn wir meinen, in der Welt Erfüllung zu finden, haben wir das Leiden, die Wahrheit, noch nicht erkannt.

Das bedeutet nicht, dass wir unzufrieden sein müssen.

Oft können die Dinge auch neutral sein.

Wir können essen, trinken, schmecken …

Unsere Bewertungen machen aus den neutralen Dingen solche, die wir lieben und solche die wir hassen.

42 ⚓ *„Zum Glück"*

37

Was muss ich finden?

Es gibt nichts zu finden, alles ist so, wie es ist.

Geboren werden und sterben manifestiert sich nicht nur im Moment unserer Geburt und unseres Todes.

Jeder Gedanke, jedes Gefühl entsteht und stirbt von Augenblick zu Augenblick.

Es gibt etwas, was wir suchen sollten: die dahinter liegende absolute Wirklichkeit, die keine Persönlichkeit, keine Identität in sich trägt.

Diese letzte Wahrheit kann nie gefunden werden, denn sie ist das zeitlose Sein, das wir selber sind. Deshalb gibt es im Grunde nichts zu finden, außer dieser Erkenntnis.

38

Wann können wir höchstes Glück empfinden?

Wir müssen unsere Aufmerksamkeit auf die vor uns liegende Wahrheit lenken und zwar, dass es nichts in der Welt gibt, das irgendeine Substanz enthält, dann können wir tatsächlich höchstes Glück finden.

Wir sollten so versuchen zu verstehen, wie die Welt tatsächlich von allem leer ist, von dem wir dachten, es sei bedeutungsvoll.

Wir können es uns ersparen, unser Bewusstsein darauf zu richten, was wir noch gerne hätten, das uns glücklich machen soll.

Immer noch glauben wir, wir hätten irgendeinen Fehler gemacht, sonst hätten wir unser Schicksal nicht erfahren.

Wenn wir keine Projektionen in die Zukunft oder Anhaftungen an die Vergangenheit haben, können wir tatsächlich geistig vollkommen unbelastet sein, aufgeben, was aufgegeben werden muss, dem Leben selbst vertrauen und es geschehen lassen, anstatt gierig danach zu greifen.

39

Warum versuchen wir durch Befriedigung der Sinne glücklich zu werden?

Der erste unserer tief verwurzelten Triebe ist das Verlangen nach sinnlicher Befriedigung.

Obwohl es nicht möglich ist, versucht jeder ständig, das zu bekommen, was er möchte, weil wir aufgrund der „Ich-Illusion" Begehren nach angenehmen Gefühlen in uns verspüren.

Dadurch dass wir die „negativen Seiten" des Lebens verdrängen und durch unsere Gesellschaft, Medien und Werbung nur auf das „Positive" konditioniert wurden, haben wir eine verzerrte Sicht des Lebens verinnerlicht.

Wir klammern uns an unsere „Sinnesbefriedigung", um dem verdrängten Tod nicht ins Auge sehen zu müssen.

40

Wie kann ich das Leiden an meinem selbst gemalten Ich-Ideal vermeiden?

Wenn wir dem Leben selbst die Kontrolle anvertrauen und uns hingeben und loslassen, so verblasst nach und nach das Ich-Gemälde und unser wahres Selbst kann hindurchscheinen.

41

Was muss ich konkret tun, um mein Ich-Streben zu vermindern?

Wir müssen uns bei allen Bewertungen und Benotungen und Abwertungen ertappen.

Wenn wir etwas bewerten, so bringt das weder Herzensfrieden noch eine Verminderung der Ich-Vorstellung, sondern nur „Ich-Bestätigung".

Unsere Meinung und Kritik sollte einschließend anstatt ausschließend sein.

Wir können versuchen die Gemeinsamkeiten der Menschen zu entdecken und hervorzuheben.

Wir sollten uns selber Stille und Zeit zur Selbsterkenntnis reservieren, um unseren eigenen Mittelpunkt zu finden.

42

Was ist die Rolle der Ich-Vorstellung, des Ich-Gedankens in meinem Leben?

Die Ich-Vorstellung ist eine Scheinidentität, die dazu dient, die Welt zu erfahren. Das Leben teilt sich scheinbar in eine Welt und eine von der Welt getrennte Person, welche diese erfährt.

Solange wir das Ich als eine Art Werkzeug erkennen, mit dem wir die Welt erfahren können, gibt es kein Problem. Sobald sich aber unsere gesamte Identifikation vom Leben selbst trennt und ausschließlich auf das Ich beschränkt, sind wir uns der Einheit des Lebens nicht mehr bewusst.

Es gibt kein anderes Problem im ganzen Universum für uns selbst als unsere Ich-Illusion. Es ist diese falsche Ansicht vom „Ich", die unser Begehren und unsere Leidenschaften, die uns ständig Leiden verschaffen, hervorbringen.

Aber es gibt etwas, was wir suchen sollten, die dahinter liegende absolute Wirklichkeit, die keine Persönlichkeit, keine Identität in sich trägt.

In der Meditation können wir dieses reine Bewusstsein erleben.

43

Wie kann ich ruhiger werden, wie kann ich geistig in mir Frieden finden, in mir ruhen?

Ohne Projektion in die Zukunft, ohne, „was wird werden?" oder das Anhaften an die Vergangenheit, „was soll ich bewahren?", können wir tatsächlich geistig vollkommen unbelastet sein.

44

Was treibt uns als erstes an?

Der erste unserer tief verwurzelten Triebe ist das Verlangen nach sinnlicher Befriedigung.

Obwohl wir täglich die Erfahrung machen, dass es letztlich nicht befriedigend ist, versucht jeder ständig Befriedigung zu erlangen, versucht zu bekommen, was er möchte, weil wir aufgrund der „Ich-Illusion" ein Begehren nach angenehmen Gefühlen in uns verspüren.

45

Welche menschlichen Wesenszüge treiben uns an?

Unser zweiter Wesenszug neben dem Streben nach sinnlicher Befriedigung ist der Daseinstrieb.

Wir wollen weder vernichtet noch herabgesetzt werden.

46

Was soll ich tun, um glücklich zu sein?

Es ist bestimmt kein lohnendes Ziel, ein ganzes Menschenleben dafür zu verwenden, der Befriedigung der Sinne hinterherzulaufen, was offensichtlich zu keiner letztlichen Befriedigung führt.

Wenn wir unseren Daseinstrieb betrachten, können wir leicht einsehen, dass es aussichtslos ist, sich Überleben als Lebensziel vorzunehmen, das hat noch nie jemand geschafft.

Dennoch liegen diese zwei Begehren all unserem Tun zugrunde.

Wenn wir erkennen, dass das Streben nach Sinnesbefriedigung und das Streben am Leben zu kleben uns nichts nutzen, nicht nützlich sind, werden wir beginnen, uns zu interessieren, wie wir sie loswerden können.

Letztlich kann man sagen, dass diese Geisteshaltung, das Streben nach Sinnesbefriedigung und das Streben „ewig zu leben", unser ganzes Unglück verursacht.

Die Namen des Unglücks lauten: Frustration, Langeweile, Ärger, Sorgen, Angst, Neid, Eifersucht …

Alles baut sich auf den genannten Begierden auf, das Fundament ist Unwissenheit.

Wenn wir die Tatsachen, dass wir ohne diese Begierden glücklicher wären, deutlich in uns erkannt haben, interessieren wir uns vielleicht dafür, wie wir sie aufgeben können.

47

Was soll ich als erstes Tun, um eine praktische Lösung angesichts der nicht befriedigenden Begierden zu finden?

Der erste Schritt in die Praxis der Veränderung ist „Einsicht".

Durch Selbstbeobachtung in jedem Moment unseres Lebens, können wir zur Einsicht kommen, dass wir unsinnig an den Dingen festhalten.

Man richtet die Achtsamkeit in eine Richtung, wo das Verlangen nach Sinnesbefriedigung nicht automatisch aufsteigt oder stärker wird.

Wir können die „freie" Energie dann verwenden, die absolute Wahrheit zu erkennen.

48

Was bedeutet erste Einsicht?

Einsicht bedeutet, unsere Wünsche anzuschauen, die nicht befriedigt sind. Das lässt uns erkennen, dass wir zwar versuchen können, unsere Wünsche zu erfüllen, dass aber dadurch keine vollkommene Zufriedenheit gefunden werden kann.

49

Welcher Weg führt heraus aus dem andauernden und doch so nutzlosen Begehren?

Loslassen, loslassen, loslassen.

Wir können „den Weg heraus" nicht dadurch finden, dass wir mehr Annehmlichkeiten und Komfort oder mehr Anerkennung und Lob sammeln oder mehr Ich-Unterstützung fördern.

Einzig und allein durch das Loslassen von Wünschen und Verlangen kommen wir heraus, aus all unserem Leid.

Wir vertrauen uns dem Leben an und hören auf, es besser wissen zu wollen.

50

Wie soll ich mich zu Vergangenheit und Zukunft stellen?

Es ist nicht sinnvoll sich auf das vergangene oder zukünftige Leben zu konzentrieren oder sich mit der Frage zu martern wie sich das Ich entwickelt hat.

Je „stärker" das Ich von mir fokussiert wird, um so mehr will es und umso mehr Leiden hat es.

Einsicht bedeutet, dass man den Geist ständig und immer wieder von allen Vorstellungen und Ideen wegholt und ihn fest auf den Boden der augenblicklichen Wirklichkeit richtet.

51

Welche Schritte muss ich auf welchen Wegen zum Glück gehen?

Wenn wir unsere Gewohnheiten ändern, können wir unsere Probleme lösen. Das bloße Streben nach Glück bleibt ergebnislos.

Der erste Schritt wäre, sich der Reaktionen auf unsere Sinneskontakte bewusst zu werden.

Wir bekommen durch unsere „sechs" Sinne (Sehen, Hören, Schmecken, Riechen, Tasten, Denken) ständig Kontakt mit der Umwelt.

Die darauf folgenden Gefühle sind ebenfalls automatisch, aber unsere Reaktionen auf die Gefühle sind willkürlich, obwohl wir sie als logisch, folgerichtig oder unvermeidlich ansehen.

Wir können unsere Verhaltensmuster ändern, indem wir auf ein Gefühl nicht reagieren, indem wir es weder haben-wollen noch ablehnen.

52

Wie kann ich Erleuchtung durch „Loslassen" erreichen?

Wenn wir erkennen, dass alles leer ist ohne unsere Bewertungen, Meinungen zu …, Abwertungen von …, dann kann sich auch nirgends der „Staub" der Gedanken, die wir uns zu allem machen, niederlassen.

Loslassen bedeutet jegliche Vorstellung von der Welt loszulassen, auch die Vorstellung von Erleuchtung. Nur ein Ich kann Erleuchtung anstreben, das Leben selbst ist immer erleuchtet.

53

Was soll ich verlieren?

Was wir verlieren sollten, ist die „Ich-Illusion und dann gibt es nichts, wo sich der Staub „eigener" Meinungen, Gedanken, Bewertungen absetzen könnte, niemand, der reagieren kann und letztlich nichts, auf das wir reagieren.

Reaktion geschieht, Leben geschieht, aber niemand ist mehr da, der sagen könnte „Das ist meins".

54

Wer denkt, wer fühlt, wer handelt?

Solange die Vorstellung einer eigenständigen Persönlichkeit in uns existiert, wird sich der Staub der Verunreinigungen in uns ansammeln.

Es gibt also nur die Tat, aber keinen Täter, es gibt das Leiden, aber keinen Leidenden, es gibt den Weg, aber niemanden, der ihn beschreitet.

Es gibt nur das Leben selbst, niemanden der davon getrennt wäre.

Denken geschieht, Fühlen geschieht, Handeln geschieht, so erlebt sich das Leben selbst in all seiner Vielfalt.

55

Was ist die Quintessenz der spirituellen Praxis?

Die Praxis besteht aus ständiger Läuterung.

Den einzigen Menschen, den wir ändern können, sind wir selbst und damit verändern wir die Welt um uns herum.

56

Was ist die wahre Ursache unseres Unglücks?

Es ist unser Geist mit seinen Gedanken.

Descartes behauptete: „Ich denke, also bin ich."

Tatsächlich ist es genau umgekehrt: „Ich bin, also denke ich." Ich erzeuge mit meinem Gedanken den Leidenden.

Unglück ist das Ich, das sagt „Das will ich nicht".

57

Warum soll ich Loslassen üben?

Einzig durch das Loslassen der Wünsche verschwindet das Leiden an der Welt, das bedeutet, alles so zu akzeptieren, wie es ist und dem Leben selbst die Kontrolle zu überlassen.

58

Was muss ich unbedingt erfahren und einsehen, um meine Einstellung zur Welt zu verändern?

Es ist die Erkenntnis der Vergänglichkeit.

Jeder Mensch macht ständig die Erfahrung der Unbeständigkeit, der Vergänglichkeit.

Es gibt weder Gedanken, Gefühle, körperliche Empfindungen, noch Bewegungen oder Handlungen oder irgendwelche Augenblicke, die bestehen bleiben.

Alles Erfahrbare ist vergänglich und wandelt sich, Wechsel ist die Konstante.

59

Was ist der Geist und was Bewusstsein?

Der Geist besteht aus …

* Gefühlen
* Wahrnehmungen
* Geistigen Formationen (Gedanken)
* Sinnesbewusstsein

… so dass es gerechtfertigt ist, wenn wir entweder Geist oder Herz sagen.

Wenn wir von Bewusstsein sprechen, so meinen wir meistens Erkennen.

Erkennen, dass wir selber das Bewusstsein sind. Wir sind das, was sich des Geistes, der Gefühle, der Dinge bewusst ist. Das Bewusstsein ist die letzte Instanz, die Quelle und der Raum von allem, was alles ermöglicht und sich all dem bewusst ist.

Wir sind nicht unsere Gedanken und Gefühle, sondern das Bewusstsein, in welchem Wir und unsere Welt erscheinen.

60

Wie täuscht uns der Geist?

Was wir hören, ist im Prinzip nur Geräusch, und was wir sehen, ist nur Farbe und Form.

Alles andere fabriziert der Geist. Wir bewerten.

Wir teilen die Dinge in Gut und Schlecht ein und erzeugen so fortlaufend unsere persönliche, begrenzte Sicht auf das Leben.

61

Was ist Kontemplation
und welchen Nutzen bringt sie?

Wir beobachten unseren Geist und erkennen so seine „automatische Funktionsweise".

Indem wir einen Gedanken genau verfolgen und beobachten, können wir Einsicht gewinnen über die Vergänglichkeit und Unwichtigkeit unserer Gedanken.

Wenn wir Atemübungen machen, so sind wir dabei, den Geist zur Ruhe zu bringen, damit er einmal aufhört, sich Dinge auszudenken.

Die Meditation stärkt die Kraft des Geistes, einmal ohne den Wellenschlag der Emotionen, ohne „ständige und sofortige" Reaktion auf die Gefühle zu sein, so dass wir tiefe Einsichten haben können.

Im Gegensatz zur Meditation ist Kontemplation nicht auf Ruhe ausgerichtet, sondern einzig und allein auf Einsicht.

62

Was ist der Unterschied zwischen dem „normalen" Nachdenken und Kontemplation?

Im Gegensatz zum diskursiven Denken, bleibt die Kontemplation bei dem Thema, gibt sich nicht mit einer schnellen Antwort des Geistes zufrieden.

63

Wie kann ich Leiden vermeiden?

Sobald wir hinnehmen, was ist, brauchen wir nicht darunter zu leiden.

Die ständige Flucht vor dem Leiden ist eine Sackgasse.

So-zu-sagen: „Dem Falsch-Denken auf der Spur."

64

Was ist Liebe?

Liebe ist erlernbar.

Liebe wird fälschlicher Weise mit gegenseitiger Zuneigung gleichgesetzt. Der ferne und absolute Feind von Liebe ist Hass, der nahe oft unmerkliche Feind von Liebe ist Anhänglichkeit. Im Allgemeinen kennen wir nichts anderes als Anhänglichkeit, was aber gleichbedeutend mit Anhaftung ist. Es ist reine Unvernunft, darauf zu warten, dass ein anderer uns wiederliebt.

Die Fragen sind doch:

In den Augen des anderen liebenswert zu erscheinen, bedeutet geliebt zu werden???

Wenn dieser seine Meinung ändert, sind wir nicht mehr liebenswert???

Es ist keine Frage, dass wir liebenswert sind. Wir brauchen niemanden, der uns das bestätigt. Das können wir uns selbst bestätigen!!!

… indem wir lieben, und nicht danach suchen, geliebt zu werden.

65

Welche Bedeutung hat Freiheit in meinem Streben zum Glück?

Das Glück unseres Herzens kann uns nur anfüllen, wenn es unabhängig ist.

Abhängigkeit ist gleichbedeutend mit Unfreiheit.

Der spirituelle Weg führt zur Freiheit, zur Freiheit von Druck und jedem Stress, zum Loslassen von allem, was wir glauben, haben zu müssen, um unser Ich zu bestätigen.

Der Geist erzählt häufig viel und Unsinn.

Die Liebesfähigkeit, unsere Liebesfähigkeit, ist nicht davon abhängig, was Menschen sagen …

66

Wie befreie ich mich von meiner Schuld?

Schuld und Sühne gibt es in der buddhistischen Lehre nicht, sondern nur das „Gesetz" von Ursache und Wirkung. Was wir säen, können wir auch ernten und es ist immer unsere eigene Saat. Im Umkehrschluss heißt dies, dass wir auch nichts haben, was wir uns nicht erarbeitet haben.

67

Was soll ich glauben?

Alle Ideologien und Dogmen scheinen töricht zu sein. Wesentlich ist, was tatsächlich in unserem täglichen Leben geschieht – innen und außen.

68

Was ist Zeit?

Menschen leben in der Zeit, sie denken in Begriffen der Zeit. Das Lieblingsspiel, um Problemen auszuweichen, ist sich Zukunft auszumalen.

Tatsächlich bringt die selbst-gemalte Zukunft nichts. Der Glaube an das stufenweise Fortschreiten verhindert eine Wandlung im „Jetzt".

Merkwürdigerweise glauben wir angesichts einer Gefahr nicht an den so vertrauten Mechanismus und handeln gleich.

Viele Probleme sind jedoch ähnlich unheilvoll wie unmittelbare Gefahren, wir erkennen es aber nicht.

Da kommt uns die Erfindung der Zeit gerade recht.

69

Was ist wahr?

Ich bin dem Verfall unterworfen, ich bin der Krankheit unterworfen, ich bin dem Tod unterworfen, alles, was mir lieb und wert ist und war, verändert sich, entschwindet.

Das Ziel des Lebens ist der Tod. Tod und Geburt sind das Gleiche. Jeder Moment stirbt und wird neu geboren, in jedem Moment.

70

Was ist für unser Gefühlsleben am aller wichtigsten?

Erstaunlicherweise ist nicht Liebe, Mitgefühl oder Mitfreude als die höchste Emotion anzusehen, sondern Gleichmut.

Sich ohne Wankelmut gleichen Mutes ohne die täglichen Schwankungen des Gemütes zu verhalten, einschließlich einer nicht personifizierten Liebe, des Mit-Fühlens und der Mit-Freude. Der Weg zum Gleichmut führt über eine Läuterung des Herzens und bedarf des Ertappens bei nicht akzeptablen Gedanken und Taten.

Gleichmut wird durch Erregtheiten und Aufgeregtheiten gefährdet, schnell versinken wir bei dem Versuch gleichmütig zu sein, Gleichmut angestrengt zu erzeugen, in Gleichgültigkeit.

71

Was muss ich tun, um Gleichmut und Erleuchtung zu erreichen?

Wir müssen achtsam sein, uns bei übel-wollenden Gedanken und Taten ertappen, uns der Wahrheit der Vergänglichkeit bewusst sein, so oft es geht, die Willenskraft dies zu tun, stärken, uns über das Geschenk Schöpfung freuen und den inneren Frieden anstreben, indem wir unsere Wünsche und Forderungen an das Leben beseitigen und uns in Gleich-Mut üben, indem wir lieben, Mitgefühl empfinden. Lieben ist etwas Aktives, nicht nur ein Gefühl. Würde der „Mensch" lieben, eine liebende Tat vollbringen, wäre er so beschäftigt, dass keine Zeit für ein neurotisches, narzisstisches *Mit-Sich-Selbst-Beschäftigen* bliebe.

72

Was muss ich tun, um im „Stress" den Gleichmut zu bewahren?

Wenn wir die Vergänglichkeit nur intellektuell akzeptieren oder gar verdrängen oder nicht sehen wollen, dann ist es nicht nur logisch, dass wir Gleichmut schwer bewahren können, es fehlt allein schon die mentale Stütze.

Auch die Verkleinerung der Ich-Illusion, d.h. des Gedankens, der ja wirklich nur gedanklich existierenden Vorstellung eines Ichs, hilft „gewaltig" dabei, gleichgültig zu sein.

Stress entsteht immer nur, wenn ein Ich die aktuelle Situation ablehnt, weil es bedroht oder überfordert wird.

73

Was ist die Ich-Illusion?

Was ist denn „DAS", was sich da aufregt oder gerade ablehnt, benotet, abwertet oder ärgert oder wütend, traurig oder depressiv ist?

Unsere Emotionen reagieren mal wieder darauf, dass MIR etwas geschieht, passiert.

„Etwas" ist von außen an mich herangetreten, was die ICH-BEHAUPTUNG, nämlich die ICH-ILLUSION ins Wanken bringt. Ich fühle „plötzlich":

Man hat MICH nicht anerkannt …

… nicht geliebt …

… nicht bestätigt …

ICH habe nicht bekommen, was ICH wollte.

74

Welche Vorstellung, welcher Gedanke hilft mir, wenn ich der Ich-Illusion nicht immer wieder verfallen will?

Wenn uns Ärgernisse, Unannehmlichkeiten, Abwertungen wie Tadel, Verleumdung oder Verlust treffen, so ist es hilfreich, wenn wir uns vorstellen, dass wir bereits auf dem Totenbett liegen.

Die Auseinandersetzung mit dem Tod ist ein sicheres und wirksames Mittel, um Demut dem Leben gegenüber zu üben.

75

Welche Gedanken nähren die Ich-Illusion immer wieder?

Zumindest viele seelischen Er-Leb-nisse des Men-schen, die es gibt, kreisen um vier Begriffs-Paare, die wir alle ständig und unvermeidlich mit dem menschli-chen Leben verbunden erleben.

- Gewinn und Verlust
- Lob und Tadel
- Ruhm und Verleumdung
- Glück und Unglück

76

Auf welche Gefühle, muss ich meine Achtsamkeit richten, wenn ich Mitfreude empfinde?

Eng verbunden, so kann jeder beobachten, sind die Gefühle des Neides oder der Heuchelei.

77

Warum ist Mitfreude so wichtig für andere und für mich?

Wenn wir uns mit anderen freuen, uns über ihr Glück freuen, verschenken wir Freude. Dabei haben wir selbst Freude im Leben. Wir verdoppeln die Freude, unsere Ausstrahlung, wenn wir Mitfreude entwickeln, wirken wiederum auf andere positiv und bringen Freude in die Welt.

78

Welche Tugenden muss ich entwickeln, um Erleuchtung zu finden?

Die zehn Tugenden auf dem Weg zur Erleuchtung sind:

- Freigebigkeit
- Sittlichkeit
- Entsagung
- Weisheit
- Willenskraft
- Geduld
- Wahrhaftigkeit
- Entschlusskraft
- Liebende Güte
- Gleichmut

Wenn wir Achtsamkeit entwickeln, kann uns auffallen, dass Verzweiflung uns packt, weil wir einen riesigen Berg als Aufgabe vor uns sehen, wir können uns auch freuen, weil wir unser Ideal gefunden haben.

❧ *„Zum Glück"*

79

Was ist die psychologische Voraussetzung für Meditation?

Wenn wir das Ideal des menschlichen Lebens gefunden haben, gleichmütig zu sein, liebende Güte auszustrahlen, entschlossen sind, dies alles auch zu leben, nämlich auch Wahrhaftigkeit zu leben, sittlichem Leben den Vorrang zu geben, die nötige Geduld mit uns und anderen angesichts aller Vergänglichkeit zu haben, dazu die Weisheit angesichts aller Vergänglichkeit zu fördern, die nötigen Entsagungen zu vollbringen und freizügig werden, wo es nichts mitzunehmen gibt, wird Vergangenheit und Zukunft, werden Hoffnungen und Erwartungen und unsere ach so wichtigen Meinungen einem Glücksgefühl weichen.

Dieses so hervorgerufene Glücksgefühl macht Meditation möglich.

80

Wie kann ich das für die Meditation notwendige Glücksgefühl in mir stärken?

Ein Mensch, der die erste Ebene des Glücks als zu grob und nicht erfüllend erkannt hat, hat die Fähigkeit, sich an Dingen zu erfreuen, dann entsteht auch noch die Dankbarkeit für die vielen Anlässe zur Freude.

Wenn wir diese Gefühle in uns stärken und stetiger machen, so können wir sie auch verschenken.

Wo immer wir den Geist hinwenden, da geht er hin.

Unser drittes Hindernis, Lässigkeit und Trägheit des Geistes, bietet immer Fluchtwege an.

Satt dessen können wir aber die Dinge suchen, die Freude bereiten, und dieses Gefühl verschenken.

Freude ist ein unterschwelliges Gefühl, dass die Dinge so, wie sie sind, richtig sind, dass wir nichts abzulehnen brauchen, dass alles ganz einfach ist auf der Welt.

Wir erkennen das Leiden, aber wir leiden nicht darunter.

81

Welches Verhältnis besteht zwischen Körper und Geist?

Der Geist bestimmt unser Leben. Der erste Schritt der Einsicht ist, dass Geist und Körper zwar voneinander abhängig sind, aber zwei verschiedene Funktionen haben. Der Geist ist Chef im Haus, der Körper der Angestellte.

Der Körper ist sehr zeitbegrenzt, der Geist in buddhistischer Vorstellung nicht.

Was wir mit unserem Körper tun, hat der Geist, oft nicht bewusst angeordnet.

Der Körper hat ständig Bedürfnisse.

82

Was kann ich tun, um Gleichmut zu erreichen?

Um Gleichmut zu erreichen, muss ich Entstehen und Vergehen verinnerlichen, die Bewusstmachung des Atmens kann da sehr hilfreich sein. Auch sich von der Identifikation von Körper oder Geist zu lösen, ist eine wichtige Methode, wobei die Lösung von der Identifikation mit dem Körper leichter fällt. Charmanter Nebeneffekt ist, dass sich Begierden und Ablehnungen und innere Unruhe auflösen.

83

Was ist der Sinn des buddhistischen Denkens?

Die erste Ebene der Sinnesbefriedigung auf dem Weg zum Glück ist mit Vergehen und Entstehen belastet. Von diesem nur kurzweiligen Glück auf eine andere Ebene, zu einem dauerhaften Glück zu gelangen, ist Sinn des Strebens.

84

Wie funktioniert unser Geist?

Es werden fünf Daseinsgruppen unterschieden.

Von den Daseinsgruppen beziehen sich vier auf den Geist, die fünfte auf den Körper.

Die vier des Geistes funktionieren nach einem immer wiederkehrenden Programm.

Dieser Ablauf wird nach dessen Erkenntnis durch Ertappen und Achtsamkeit unnötig.

Das Programm unseres Geistes, sein Ablauf, heißt:

- *Sinnesbewusstsein* – mit den Sinnen wahrnehmen oder einen Gedanken wahrnehmen.
- *Gefühl* – ein Gefühl unvermeidlich entwickeln.
- *Wahrnehmung* – das Gefühl erkennen und wahrnehmen.
- *Geistesformation* – mit Gedanken wie z.B. Schlussfolgerungen reagieren.

Das Sinnes-Bewusstsein bewerkstelligt unsere Sinneskontakte.

Die erste Ebene des Glücks besteht aus nichts anderem.

Unsere Sinne sind jedoch kein Vergnügungslokal sondern Überlebensprogramm.

Unweigerlich folgt dem Sinneskontakt das Gefühl, das entweder angenehm, unangenehm oder neutral ist.

Der nächste Schritt, der oft unbemerkt verläuft, ist die Wahrnehmung, das Etikettieren, und danach kommt die Reaktion, Geistesformation genannt.

Alle vier Schritte sind im Geist vorhanden, aber der, den wir am besten kennen, ist der vierte, unsere Reaktion.

85

Was können wir durch Achtsamkeit erreichen?

Eines Tages sollten wir in der Lage sein, das angenehme oder unangenehme Gefühl gar nicht zu etikettieren, sondern es einfach wahrzunehmen, um es dann ersatzlos zu streichen.

Die erste Einsichtsstufe bringt bereits Glück.

Die erste Erkenntnisstufe ermöglicht uns, nicht immer auf den Körper zu reagieren, wodurch wir weniger Leiden haben.

Die zweite bringt uns Gleichmut, da wir die Vergänglichkeit erkennen.

Die dritte bringt die Möglichkeit, dass wir unsere Reaktionen nicht programmmäßig ablaufen lassen.

Die vierte Einsichtsstufe ist das Erkennen des Auflösens.

86

Was ist „Karma"?

Die meisten Menschen verstehen unter Karma so etwas wie Wiedergeburt.

Tatsächlich meint es aber Absicht. Insofern haben diese Menschen auch ein wenig Recht, wenn sie Wiedergeburt meinen, denn es werden ihre Absichten wieder-geboren.

Es bedeutet nur eine Handlung.

Die naive Ansicht von einem im Voraus bestimmten Schicksal, für das sie keine Verantwortung tragen, ist also falsch.

Der Mensch trägt Verantwortung für seine Absicht.

Wenn wir ein verantwortungsvolles, spirituelles Leben führen wollen, müssen wir in unseren Denkprozessen auf unsere falschen Absichten acht geben, wir müssen uns ertappten.

87

Warum sollen wir uns nicht mit unseren Rollen identifizieren?

Der Mensch gibt auf dieser Welt nur eine Gastvorstellung, jede Anhaftung an den Gedanken, eine eigenständige Persönlichkeit zu sein, führt zu einer Enttäuschung, die den Drang nur verstärkt, eine neue Rolle auszuprobieren, die wieder eine Enttäuschung herbeiführt.

88

Was führt zu Unsicherheiten im Leben?

Die Vorstellung von einem eigenständigen Ich und der damit verbundene Wunsch, geliebt zu werden und anerkannt zu werden sowie die Angst, dass dies nicht der Fall ist, hält uns ab, unsere Rollen aufzugeben.

Alles von dem wir glauben, was „wir" sind und „uns" gehört, was „ich" und „mein" ist, schafft Leiden.

Sind wir uns jedoch unseres Gastspiels auf dieser Welt bewusst, fühlen wir uns weder verhaftet noch belastet.

89

Warum empfinden wir unseren Körper mit seinen Regungen als Bürde?

Solange wir glauben unseren Körper zu besitzen, empfinden wir ihn oft als Last.

In Wirklichkeit existiert niemand, der den Körper, welcher dauerhaft unzufrieden ist, besitzt. Es gibt kein Ich, das die Kleider trägt, außer den Körperteilen, auf denen sie hängen.

Im Grunde gibt es natürlich auch keinen Körper. Es gibt nur das Leben selbst, das sich als Körper manifestiert und in dieser Form selbst erfährt.

90

Warum bringt uns die Ich-Illusion kein Glück?

Die Vorstellung eines eigenständigen Ichs führt dazu, dass es Beifall, Unterstützung und Bestätigung einfordert.

Wenn uns niemand Beifall spendet, unterstützt oder bestätigt, leiden wir.

Jede Art von Anhaftung und Besitzanspruch an materiellen Gütern, Ideen, Vorstellungen, Identifizierungen verursacht jedoch Angst, nämlich die Angst vor dem Verlust.

91

Der fast ununterbrochene Konflikt …

… beruht auf tiefsitzenden Gewohnheiten, Mustern, Routinen der Ablehnung und Etikettierung, Beurteilung, Benotung, also einer Reaktion auf den Augenblick mit seines Sinneswahrnehmungen und Erfahrungen. Es ist das Nein des unbeobachteten Egos, dem wir die Herrschaft überlassen.

92

Was ist der Mensch?

Ein Mensch, der bei jedem Schritt, den er macht, Schmerzen erfährt, wird wahrscheinlich versuchen, so wenig Schritte wie möglich zu machen und sehr vorsichtig zu gehen. Er müsste jedoch die Ursache des Schmerzes erforschen. Das Gleiche geschieht bei emotionellem Schmerz.

Der Mensch, der ständig merkt, dass seine Wünsche nicht in Erfüllung gehen, sein Befriedigungsstreben dauerhaft nicht in Erfüllung geht, will diesem Schmerz aus dem Wege gehen.

Wenn wir jedoch wissen wollen, wie es sich wirklich verhält, müssen wir unsere Gefühle kennen lernen, müssen wir den Ursprung, nämlich etwas haben-zu-wollen, erkennen.

93

Was verursacht die „Daseinsbegierde"?

Die Menschen haben die Tendenz, sich dem Leben mit der Einstellung des „Haben-Wollens" und vor allem von der Warte aus: „Was habe ich davon?" zu nähern. Dass diese Einstellung ständig und immer wieder enttäuscht wird, ist für jeden als Tatsache, ohne jeden Dogmatismus, erfahrbar: Es ist die Ursache unseres Un-Glücks.

Je öfter wir uns statt des Haben-Wollens für die heilsame Reaktionen wie Gleichmut oder liebende Güte entscheiden, desto mehr gewöhnt sich unser Geist daran, sich glücklich zu fühlen.

94

Kann es eine Form des Glückes geben, die nicht von unseren Sinnen abhängig ist?

Wenn wir erkennen, dass Glück durch Haben-Wollen nicht erreichbar ist, wenn wir uns aufgrund des Leidens anderer unglücklich fühlen, gibt es nur eine Art, damit umzugehen, indem wir versuchen das Leid da zu lindern, wo wir dazu in der Lage sind. Wir lieben.

Widerstände oder Ablehnungen verursachen unsere Sorgen und unser Leiden. Letztlich sind Widerstände oder Ablehnungen Formen unseres Ärgers, dass die Welt nicht nach unseren Wünschen funktioniert.

Es ist eine uns heimsuchende Form von insgeheimem Hass, immer wieder und wieder, weil das Leben nicht so verläuft wie wir es haben wollen.

95

Müssen wir immer unzufrieden sein, weil die Welt nicht nach unseren Wünschen läuft?

Solange wir unser Unglück selbst erzeugen, weil wir glauben die Welt müsste unsere Wünsche dauerhaft erfüllen, haben wir die Wahrheit nicht erkannt. Dies bedeutet jedoch nicht dauerhafte Unzufriedenheit.

Das bedeutet nicht, dass wir unzufrieden sein müssen. Oft können die Dinge auch neutral sein.

Wir können essen, trinken, schmecken …

96

Was ist unsere Welt?

Wir sollten so versuchen zu verstehen, wie die Welt tatsächlich von allem leer ist, von dem wir dachten, es sei bedeutungsvoll.

Wir können es uns ersparen, unser Bewusstsein darauf zu richten, was wir noch gerne hätten, das uns glücklich machen soll.

Immer noch glauben wir, wir hätten irgendeinen Fehler gemacht, sonst hätten wir …

Doch wenn wir unsere Gedanken auf die allem zu Grunde liegende Wahrheit lenken, dass es nichts in der Welt gibt, das irgendeine Substanz enthält, können wir tatsächlich höchstes Glück finden.

Ohne Projektion in die Zukunft oder Anhaften an die Vergangenheit können wir tatsächlich geistig vollkommen unbelastet sein.

Was sollen wir tun, um glücklich zu sein?

Wir müssen aufgeben, was aufgegeben werden muss. Nämlich unser tief verwurzeltes Verlangen nach sinnlicher Befriedigung.

Obwohl es nicht möglich ist, versucht jeder ständig, das zu bekommen, was er möchte, weil wir aufgrund der „Ich"-Illusion Begehren nach angenehmen Gefühlen in uns, in unserem Ich, verspüren.

Dieses Ich wollen wir ständig behüten und retten, in einem Art Daseinsrausch wollen wir es vor Vernichtung oder Herabsetzung schützen.

Durch das Ignorieren der Wahrheit, durch diese Unwissenheit, dass durch sinnliche Befriedigung Glück nicht dauerhaft erreichbar ist, das Ich nicht von Bestand ist, eine Ich-Illusion ist, wird jeder von dem Begehren nach angenehmen Empfindungen getrieben und will dabei sein und will da-sein.

Wir sind auf der körperlichen wie auf der gefühlsmäßigen Ebene so sehr von dem Streben durchdrungen, diesem gedachten Ich Unterstützung zukommen zu lassen, dass wir sogar gemeinschaftsschädlich und egozentrisch handeln.

98

Warum haben Menschen im Umgang miteinander Schwierigkeiten?

Die Mentalität des Menschen zu fordern, an das Leben und die Mitmenschen Forderungen zu stellen, für das Leben nicht vorbereitet zu sein und sich überraschen zu lassen und wenn es Weihnachten ist, die Welt mit einer Sonderlogik zu erklären, die Antworten auf die Lebensfragen wie Tod, Krankheit, Alter nicht geben zu wollen, sich an diese Welt und ihre Gesetzmäßigkeiten nicht anpassen zu wollen, sich mit dieser Mentalität egoistisch gegen die Gemeinschaft zu stellen, ein offensichtlich nur zu denkendes beständiges Ich und Selbst zu verteidigen, führt zu den Schwierigkeiten der Menschen untereinander.

Andere Menschen spiegeln uns die Teile in uns Selbst wieder, die wir nicht ansehen wollen.

99

Erleuchtung

Wir müssen neu sehen lernen, ohne den Vorhang an Wissen und Meinungen, der unsere Sicht verhängt. Wir müssen verlernen, was wir für unsere Meinung halten. So treten wir aus einer Massenhypnose heraus, die uns zu Schlafwandlern im Egoland gemacht hat.

Aber das neue Sehen können wir nicht einfach erwerben, so wie wir das Erwerben im Egoland gewohnt sind. Wir müssen den Glauben daran verlieren, dass wir kriegen, was wir verdient haben, uns hart erarbeitet haben. Diese Illusion müssen wir verlieren, verlernen. Nur im Zustand der Gegenwärtigkeit lebend, erleben wir das Geschenk. Das bedeutet: solange wir die Überzeugung haben, Gott gefunden zu haben, sehen wir nicht, sehen wir durch den Vorhang einer Meinung.

Joh 9,39f Und Jesus sprach: Ich bin zum Gericht auf diese Welt gekommen, auf dass, die da nicht sehen, sehend werden, und die da sehen, blind werden. *40* Und solches hörten etliche der Pharisäer, die bei ihm waren, und sprachen zu ihm: Sind wir denn auch blind? *41* Jesus sprach zu ihnen: Wärt ihr blind, so hättet ihr keine Sünde; nun ihr aber sprecht: „Wir sind sehend", bleibt eure Sünde.

100

Ehrgeiz und Befreiung

Wenn wir die Früchte unseres Tun auf dem virtuellen Altar des Herrn der Zeiten darbieten, der alles Eitle vernichtet, nehmen wir unserem Tun und Trachten die Kraft ehrgeizige Früchte zu tragen, selbst den Gedanken an die Befreiung geben wir auf.

101

Dimension des Friedens

Wenn wir die Gedanken, die durch unseren Kopf gehen, als bloße Gedanken erkennen, wenn wir Zeuge unserer emotionalen und mentalen Muster zu reagieren werden, wie z.B. das „Mir-hilft-ja-keiner"-Muster oder „Das-ist-jetzt-aber-zu-viel"-Muster eröffnet sich der zeitlose Raum des Bewusstseins, der Gegenwart, in dem die Gedanken und Emotionen kommen und gehen.

102

Gedankenlärm und Stille

Wenn wir die innere Stille, den Raum , in dem sonst
die Worte und Gedanken Lärm erzeugen, als Stille
ohne Gedanken wahrnehmen, herrscht die Stille, die
Voraussetzung für die Wahrnehmung der äußeren Stille ist.

Wir werden uns der Stille bewusst, denken jedoch
nicht.

103

Worte auf dem Weg zum wortlosen Frieden

Worte sind nur die Wegweiser, sie deuten auf die Dimension des Bewusstseins, die sie selbst nicht sind. Dort herrscht wortloser Frieden, ohne jedwelches Denken.

Es ist eine Dimension des wortlosen, denkfreien lebendigen pulsierenden Friedens.

104

Weise und gelehrt

… ist der, der auf Handlungen verzichtet, die mit Wünschen verbunden sind und die auf die Früchte aller Handlungen verzichten.

105

Der Körper und die Ruhe

Der Weise, der erkannt hat, dass das höhere Selbst
nicht sein Körper ist, ruht in diesem Körper, der
unwissende sagt: „Ich ruhe im Schaukelstuhl".

106

Sichtweisen

Der Weise, der Befreite sieht in allem und jeden das unsterbliche Selbst. Er sieht keinen Unterschied zwischen einem Erleuchteten oder Geächteten, einem Weisen oder Spieler, er begegnet Feinden, Gleichgültigen, Hasserfüllten oder Rechtschaffenen im selben Geist.

107

Friede und Geist

Der Weise ist frei von Hoffnung, Wunsch und Gier, die den Geist ungestüm und ruhelos machen.

Er kennt die Gesetzmäßigkeiten und Muster des Geistes und kann ihnen Einhalt gebieten.

108

Wünsche und Entsagung

Wenn wir nicht an Sinnesobjekte denken, sterben die Wünsche. Wenn wir unsere Gedanken aufgeben, geben wir alle Wünsche und Handlungen auf, denn alle Wünsche beruhen auf Gedanken.

Denn zuerst denken wir, dann folgt die Handlung, um die Objekte des Wunsches zu unserem Vergnügen zu besitzen.

109

Warum muss ich grobe und subtile Wünsche als Wünsche erkennen?

Der Wunsch nach Geld, Macht, Prestige – das sind grobe Wünsche.

Und der Wunsch, frei zu sein, still zu sein, den Zustand der Erleuchtung zu erreichen – das sind subtile Wünsche, aber es sind immer noch Wünsche und Anhaftungen.

110

Meditation und Zurückhaltung der Sinne

Wenn wir unsere Sinne gebrauchen, nehmen wir Objekte wahr, wenn wir aufhören, sie, die gewohnten, uns eigenen Sinnesgegenstände, zu gebrauchen, wird die Welt wie von allen Sinnesgegenständen entblößt.

Die aktive Neigung, sich auf die gewohnten Sinnesgegenstände hinzubewegen, hört auf, der Geist ist mit der hinter den Sinnesgegenständen liegenden objektiven Welt beschäftigt.

Der Geist erlebt eine innere und äußere Leere.

Diese Leere ist frei von den für uns sonst üblichen Geistesbewegungen und Vorstellungen und Identifizierungen.

Diese Konzentration, dieses Eingestimmtsein in diese dann einzige Erfahrung der Leere ist Meditation.

111

Der Traum vom Denken, von Vergangenheit und Zukunft

Wenn wir bewusst werden, erwachen wir wie aus einem Traum, aus dem Traum, der das Denken mit Vergangenheit und Zukunft schafft.

Wir sind dann präsent, ohne Probleme.

Der Autor

Dr. Erik Müller-Schoppen

Jahrgang 1949, Promotion über Psychoanalyse und Erziehungswissenschaften.
Zusätzliche Ausbildung in Gesprächspsychotherapie und Hypnose.
Er ist seit vielen Jahren Dozent für Psychotherapie und Managementtraining.

Die Fotografin

Eva Kloss

Jahrgang 1977, Schriftsetzerin, langjährige Erfahrung und Führungsposition im Bereich Cross Media Publishing, freiberufliche Fotodesignerin.

In vielen ihrer Arbeiten nutzt sie die digitale Möglichkeit, die Realität „neu zu gestalten", um auch anderen Menschen verschiedene Sichtweisen und Blickwinkel zu eröffnen.